www.ingramcontent.com/pod-product-compliance
Lightning Source LLC
Chambersburg PA
CBHW072150170526
45158CB00004BA/1593
9781078018555